HÉROES

LOS NUEVOS MUTANTES n.° 5. Publicación mensual de Editorial Planeta-De Agostini, S.A., Aribau, 185, 08021-Barcelona. ISBN 84-395-0134-X. Es una realización de Comics Forum. Dirección Editorial: Antonio Martín. Este número comprende el material de los comic-books USA *The New Mutants* n.° 5 y *Doctor Strange* n.° 50 y sus personajes y características son propiedad del Marvel Comics Group y se editan bajo licencia del mismo, por acuerdo con Promovip. Imprime: Emegé Industrias Gráficas, S.A. Londres, 98. 08036-Barcelona. Depósito Legal: B-6727-86. Distribuye: RBA Promotora de Ediciones, S.A. Trav. de Gracia, 56. (Tfno. 200 80 45). 08006-Barcelona. (VII/1986). Printed in Spain/Impreso en España.

LILANDRA, SU AMADA, EMPERATRIZ SHI'AR EXPATRIADA, OYE EL GRITO DE XAVIER...
¡CHARLES!
¿QUÉ HA PASADO? ¿ESTÁS BIEN?
INTENTÉ... CAMINAR. DEBÍ HABERLO SABIDO.
NO LO ENTIENDO. SOY TELÉPATA.
CONOZCO MI MENTE DE UNA FORMA ABSOLUTA.
UN FANTASMA ME MANTIENE PARALÍTICO. DOLOR PSICOSOMÁTICO.
NO TIENE SENTIDO, LO SÉ.
DEBÍA ESTAR TOTALMENTE RECUPERADO.
A MENOS... QUE EL PROBLEMA SEA FÍSICO. QUE HAYAMOS FALLADO.
¡LILANDRA, EL ATAQUE ROMPIÓ MI ENLACE MENTAL CON LOS NUEVOS MUTANTES!; NO OIGO SUS PENSAMIENTOS!
DESCANSA, CARIÑO. TU PODER VOLVERÁ PRONTO.
NO TE PREOCUPES. SOBREVIVIRÁN UNAS CUANTAS HORAS AUNQUE NO LES VIGILES.
SUPONGO...
PERO ODIO SENTIRME INÚTIL.
"ESTÁN EN BUENAS MANOS, CHARLES", DICE LILANDRA, "STEVIE HUNTER ESTÁ CON ELLOS. QUIÉN ME PREOCUPA ERES TÚ."
EEP SHOW
WOW!
PASEN, SEÑORES, PASEN...; PASEN Y VEAN LAS MARAVILLAS!
¡SÓLO UN DÓLAR!; MÁS BARATO, IMPOSIBLE!

ANSIABAN MUCHO ESTA VISITA A LA FERIA...
¡DIANA!
¡EH, CHICO! ¡DESCANSA Y DEJA QUE LO INTENTEN LOS DEMÁS!
¡UN AVIÓN! ¿QUIÉN VIENE A DAR UNA VUELTA?
YO NO, ROBERTO.
...Y LOS ESTUDIANTES DE XAVIER LO DISFRUTAN.
"ALLÍ VAN, AL SALVAJE CIELO AZUL..."
¿Y SI NOS APUNTAMOS DESPUÉS, MISS HUNTER?
PASO, SAM.
MI PADRE TIENE AVIONES MUCHO MÁS GRANDES QUE ÉSTE, DANI... ¡NADA ME DIVIERTE TANTO COMO VOLAR!
ROBERTO, EMPIEZO A LAMENTARLO.
¿POR QUÉ LO DICES?
¡UUUAAAHH!
¿ES... ES EL PILOTO QUIÉN HA HECHO ESO?
¿QUIEN SABE? PODRÍA HACERLO PEOR.
CON UN CHILLIDO DE EXCITACIÓN Y TERROR, DANIELLE MOONSTAR ABRAZA A SU COMPAÑERO DE CLASE Y RUEGA POR SU VIDA. ROBERTO DACOSTA NI SE ENTERA.

DESPUÉS...
LISTO. ¿Y VOSOTROS, CHICOS?
EL LOBO LO ESTÁ.
Y YO, COWBOY.
¡NO PUEDO CREERLO! ¡MIRAD ALLÍ, EL EQUIPO AMÉRICA!
¡SON LOS MEJORES MOTORISTAS DEL MUNDO! LES VI CORRER EN RÍO, ANTES DE VENIR A LA ESCUELA DE XAVIER. ¡ESTUVIERON MAGNÍFICOS!
EL PELIRROJO ES R.U. REDDY, EXPERTO EN MOTO-CROSS. EL RUBIO ES COWBOY, EL ESPECIALISTA. Y NUNCA HE VISTO A NADIE TAN RÁPIDO COMO LOBO. ¿QUÉ HARÁN AQUÍ? SE RETIRARON Y DISOLVIERON EL GRUPO HACE MESES.
¿TIENES UN DESTORNILLADOR, LOBO?
NO.
EL TIEMPO NO TE HA ABLANDADO, AMIGO. SI LO SÉ, NO PREGUNTO.
USA EL MÍO, RED.
Y CALMAOS LOS DOS.
SE SUPONE QUE DAREMOS UN ESPECTÁCULO Y NOS DIVERTIREMOS, ¿RECORDÁIS?
¿DÓNDE VAS, BOBBY?
A BUSCAR AUTÓGRAFOS, SAM...
... PARA MI HERMANA. ES FAN DE ELLOS.
¿HERMANA, EH?
TAMBIÉN PUEDO HACER UNO PARA TI.
¿ERES HISPANO COMO NUESTRO ENORME AMIGO?
OBRIGADO, SENHOR.
SOY BRASILEÑO.
VETE, CHICO. NO TENGO TIEMPO, NI PACIENCIA PARA TONTERÍAS. VUELVE CUANDO ACABEMOS.
PERDÓN, SENHOR. QUIZÁ VUELVA...
... QUIZÁ NO.

ME ALEGRA QUE RESPONDIESEIS A MI LLAMADA, AMIGOS. LÁSTIMA QUE HONCHO, WRENCH Y GEORGIANNA NO PUDIERAN. NUESTRO SHOW NO ES SÓLO PARA BENEFICENCIA, SINO QUE IMPULSARÁ MI ESCUELA DE MOTOS.
ERES UN AMIGO, COWBOY. EL LOBO AYUDA A SUS AMIGOS.
¡Y YO!
ME ENCANTA VOLVER A LLEVAR LOS COLORES DEL EQUIPO AMÉRICA, AUNQUE SOLO SEA POR UN DÍA.
LO IMPORTANTE ES SABER CONDUCIR, RED, NO EL SABER DISFRAZARSE.
ALGÚN DÍA TE RETARÉ, MÍSTER.
INTÉNTALO.
ESE GRANDOTE Y YO PODEMOS COMPARTIR APODO, ROBERTO, PERO SOMOS MUY DISTINTOS.
ODIO CONFESARLO, PERO ESTOY DE ACUERDO.
VAMOS, CHICOS. BUSQUEMOS ASIENTOS EN EL ESTADIO.
EL SHOW VA A EMPEZAR.
MEDIO EQUIPO.
ESPERABA MÁS.
PERO NOS CONFORMAREMOS CON LO QUE TENEMOS.
AVISA A LAS UNIDADES, KENIUCHIO. ACTUAREMOS SEGÚN LO PLANEADO. Y RECUÉRDALES CLARAMENTE...
... QUE LOS QUIERO VIVOS.

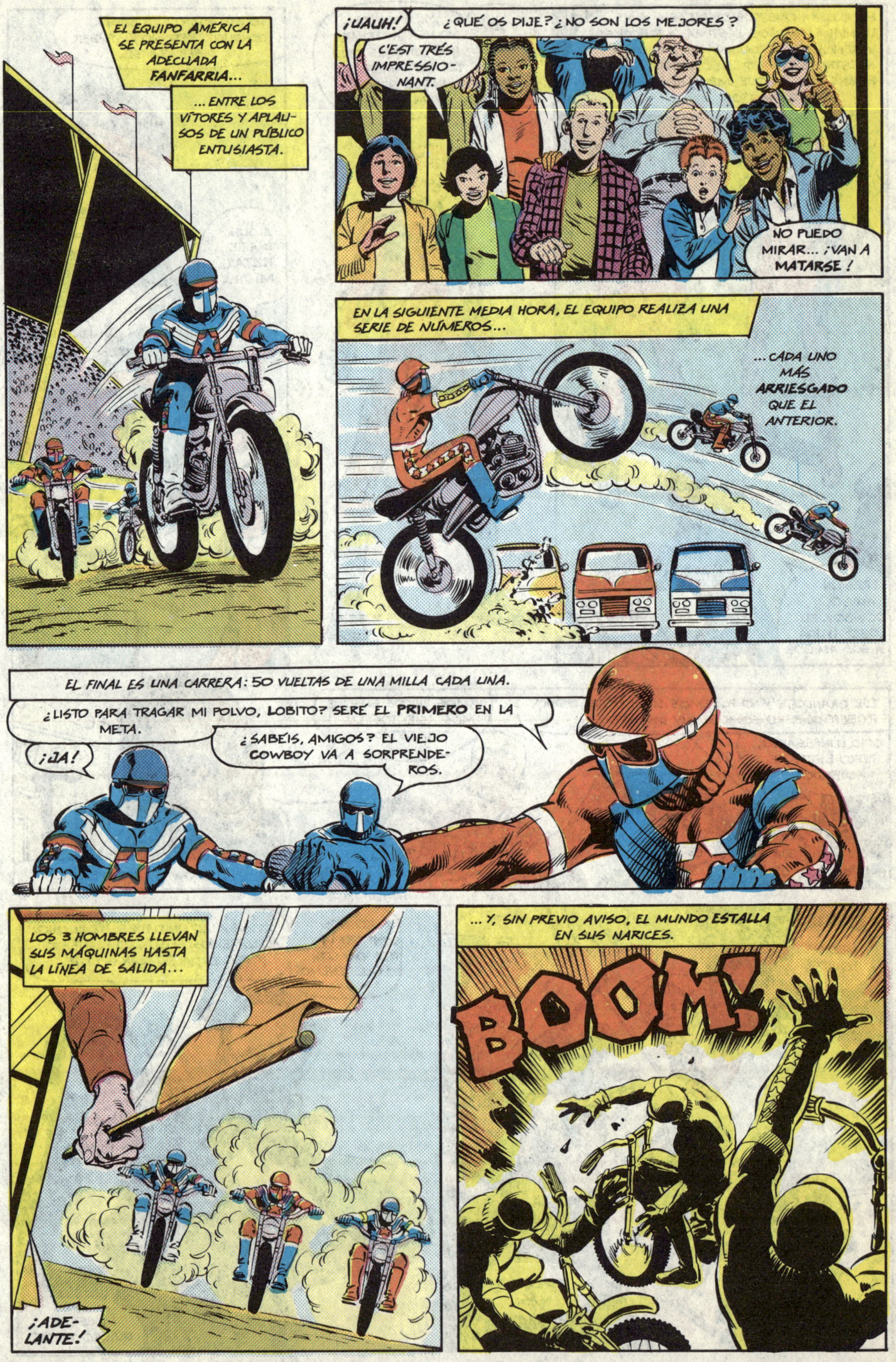
EL EQUIPO AMÉRICA SE PRESENTA CON LA ADECUADA FANFARRIA...
... ENTRE LOS VÍTORES Y APLAUSOS DE UN PÚBLICO ENTUSIASTA.
¡UAUH!
¿QUÉ OS DIJE? ¿NO SON LOS MEJORES?
C'EST TRÉS IMPRESSIONANT.
NO PUEDO MIRAR... ¡VAN A MATARSE!
EN LA SIGUIENTE MEDIA HORA, EL EQUIPO REALIZA UNA SERIE DE NÚMEROS...
... CADA UNO MÁS ARRIESGADO QUE EL ANTERIOR.
EL FINAL ES UNA CARRERA: 50 VUELTAS DE UNA MILLA CADA UNA.
¿LISTO PARA TRAGAR MI POLVO, LOBITO? SERÉ EL PRIMERO EN LA META.
¡JA!
¿SABÉIS, AMIGOS? EL VIEJO COWBOY VA A SORPRENDEROS.
LOS 3 HOMBRES LLEVAN SUS MÁQUINAS HASTA LA LÍNEA DE SALIDA...
¡ADELANTE!
... Y, SIN PREVIO AVISO, EL MUNDO ESTALLA EN SUS NARICES.
BOOM!

¡ESCUADRÓN DOS, CUBRID LA TRIBUNA!
¡EL RESTO, A POR EL EQUIPO AMÉRICA!
SI CAUSAN PROBLEMAS... ¡DISPARADLES!
ALGO PASA. EL PROFESOR XAVIER NO RESPONDE A MI LLAMADA MENTAL. ¡ESTAMOS SOLOS!
¡ESTALLA EL PÁNICO! ¡NO SÉ QUÉ HACER!
NO SÉ QUÉ HARÉIS VOSOTROS, PERO SAM GUTHRIE NO SE QUEDARÁ SENTADO VIENDO A ESOS PISTOLEROS...
¡... MIENTRAS PUEDA DETENERLES!
¡NO PODEMOS, SAM, NO ES PRUDENTE! NO LLEVAMOS UNIFORME... ¿Y SI NOS RECONOCEN?
TODOS SE ESTÁN LARGANDO, SHAN. CON EL HUMO Y LA CONFUSIÓN, NI NOS VERÁN.
XI'AN COY MANH, LA MAYOR DE LOS NUEVOS MUTANTES DUDA, ASIENTE CON LA CABEZA...
...Y BALA DE CAÑÓN ENTRA EN ACCIÓN...
... CON DEVASTADOR RESULTADO.
SHOOOM!

¡POR DIOS! ¿VISTEIS ESO?
¡EH, CHICOS! ¿DESDE CUANDO EL EQUIPO AMÉRICA DEJA QUE OTROS PELEEN POR ÉL?
PARECE QUE ALGUNOS MATONES SIGUEN EN PIE.
¡HAGAMOS QUE LO LAMENTEN!
MIENTRAS EL MOTORISTA ENTRA EN ACCIÓN, ABAJO...
... KARMA USA SU PODER MUTANTE PARA POSEER A UNO DE LOS PISTOLEROS Y VOLVER SU ARMA CONTRA SUS COMPAÑEROS.
EL RAYO TRAZA UN IMPRESIONANTE SENDERO, ANTES QUE EL HOMBRE SUELTE EL GATILLO. EL REPENTINO CORTE DE SU ENLACE SÍQUICO...
... DEJA A LA JOVEN VIETNAMITA "GROGGY"... ¡VULNERABLE!
¡CUIDADO, SHAN! ¡DISPARAN HACIA AQUÍ!
SKRAM!
¡ERA UN MISIL! ¡PARECE QUE ESTEMOS EN GUERRA!
SOY DANZARINA, NO SUPER-HEROÍNA. ESTE NO ES MI ESTILO.
NI EL MÍO.

CERCA, RAHNE SINCLAIR SE TRANSFORMA EN LOBA...
... LANZÁNDOSE SOBRE SUS INNUMERABLES ENEMIGOS...
... DANDO EL RESPIRO NECESARIO AL EQUIPO AMÉRICA...
... PARA REMATARLES.
ROBERTO CUMPLE CON SU PARTE.
... EN SU PERSONALIDAD SUPERFUERTE LLAMADA MANCHA SOLAR.
COMO DECÍA LOBO, REDDY, ¿QUIENES SON ESOS CHICOS?
NI IDEA, COWBOY. PERO MIENTRAS ESTEN DE NUESTRA PARTE, NO ME QUEJO.
ES MÁS DE LO QUE PLANEAMOS.
ATACAMOS AL EQUIPO AMERICA INTENTANDO PROVOCAR A SU ANGEL GUARDIÁN, EL MOTORISTA OSCURO...
... NO A ESE GRUPO DE NIÑOS SUPERPODEROSOS. SER DERROTADOS ES INACEPTABLE, HARADA. HAZ LO NECESARIO PARA IMPEDIRLO.
¿ESTÁS BIEN, SHAN?
TENGO MIEDO...
... PERO NO ES NADA NUEVO.
¡STEVIE, DETRÁS NUESTRO!

¡SOY EL SAMURAI DE PLATA! NO INTERVENIR Y NO SUFRIRÉIS DAÑO.
UNA VEZ MÁS, KARMA FORJA SU ENLACE...
... PERO EL SAMURAI RESISTE LA POSESIÓN Y, EN SU DEBILITADO ESTADO...
... SHAN NO ES RIVAL PARA ÉL.
SI ESTÁ HERIDA, CERDO...
¡... TE ARRANCARÉ LA PIEL A TIRAS!
PUEDES INTENTARLO CUANDO QUIERAS, JÓVEN.
¡CONGÉLATE O DISPARO, SAMURAI!
NO SÉ COMO FUNCIONA ESTE CACHARRO.
¿Y SI NO ATONTA, SINO QUE MATA?
RECORDANDO OTRA BATALLA EN LA QUE UN HOMBRE MURIÓ EN SUS MANOS, LOBO DUDA. ES UN ERROR...
... QUE CASI LE RESULTA FATAL.

ENTONCES, SURGIENDO DE LA NADA, EL RUGIDO DE UNA SUPERPOTENTE MOTO ANUNCIA LA LLEGADA DEL...
¡...MOTORISTA OSCURO!
SIN DUDARLO, SE LANZA RECTO CONTRA EL SAMURAI...
...QUE LEVANTA SU ESPADA ANTE ÉL.
EN EL ÚLTIMO INSTANTE, EL SAMURAI SE APARTA Y SU HOJA ENERGÉTICA GOLPEA LA MOTO...
...CORTANDO ACERO COMO SI FUERA AIRE.
EL MOTORISTA SE RECOBRA INCREÍBLEMENTE POR EL AIRE Y HACE UN ESPECTACULAR ATERRIZAJE.
EL RESPIRO ES BREVE.
...PORQUE EL SAMURAI LANZA SHURIKENS CONTRA EL VEHÍCULO Y...
CRASH!

¡INCREÍBLE, EL MOTORISTA AÚN VIVE! ¡NO CREÍ QUE SOBREVIVIERA A TAL IMPACTO!
¡POR TODOS LOS DIOSES...¡¿UNA CHICA?!
¡MÁS MALDITOS NIÑOS!
ME GUSTARÍA QUEDARME Y ENSEÑARLES EL DEBIDO RESPETO...
...PERO SOY UN HOMBRE DE VÍBORA Y JURÉ OBEDECERLA.
¡DANI! ¡TIENE A DANI!
Y LA RETENDRÉ CUANTO QUIERA, CHICO.
NI PUEDES SALVARLA, NI IMPEDIR QUE YO ESCAPE.
CON UNA RISA BURLONA, EL SAMURAI ACTIVA SU ANILLO TELEPORTADOR Y...
...DEJA A LOS NUEVOS MUTANTES SOLOS CON SU MAL HUMOR.
HASTA QUE PUEDA MANIPULAR MIS PODERES NO ME LANZARÉ CONTRA NADIE.
¿POR QUÉ TARDÓ TANTO? ¿POR QUÉ ES TAN DURO?
...Y LAMIENDO SUS HERIDAS.
VIENDO LA TRIBUNA...
...TUVE SUERTE DE NO SALIR HERIDO CUANDO CAYÓ.
¡SHAN!
¿ESTÁ HERIDA, STEVIE?
NO LO SÉ, SAM. PUEDE SER CONMOCIÓN.
VEO A ROBERTO Y RAHNE, SAM, PERO... ¿Y DANI? ¿DÓNDE ESTÁ?
NO... NO LO SÉ.

EN OTRO LUGAR...
...MÁS TARDE...
...PSIQUE SE HACE LA MISMA PREGUNTA.
RECUERDO QUE ATACABAN AL EQUIPO AMÉRICA. DESPUÉS... ¡PUF!, ME DESPERTÉ AQUÍ CON ESTE TRAJE.
¡OUCH!
¡LUCES! ¡TAN BRILLANTES QUE DUELEN...
AL MENOS, VEO LO QUE HAGO.
¡UNA MOTO!
MÁS Y MÁS CURIOSO. AHORA, ¿QUÉ? ¿UN CONEJO BLANCO QUE TIENE PRISA?
ESE RUIDO...
¡OH, NO!
ES UNA PRUEBA, NIÑA. SI NO LA SUPERAS, MORIRÁS.
TU ÚNICA SALIDA ES LA MOTO.
BUENA SUERTE.
MUCHAS GRACIAS, DAMA. ¡PERO NUNCA MANEJÉ UNA DE ESTAS EN MI VIDA!
CON TANTOS BOTONES, ¿CUÁL LA PONE EN MARCHA? AÚN MÁS, ¿DÓNDE ESTÁ EL ACELERADOR?
LAS RUEDAS... ¡SE ME ECHAN ENCIMA!
CRUNCH!

¡¡OOOUUFF!!
SI MI ESPERANZA ERA LA MOTO...
...CREO QUE TENGO PROBLEMAS.
DEMASIADO CERCA Y RÁPIDA... ¡NO PUEDO ESQUIVARLA!
¡ABUELO!
¿EHH?
SE DETUVO. TODAS LO HICIERON.
NO LO ENTIENDO. SI FALLÉ, ¿POR QUÉ NO HE MUERTO?
LEVANTA, CHICA.
SÍGUEME.
¿SABE QUE SOY MUTANTE?
ES GRANDE, PERO PODRÍA ESCAPAR SI USO MIS FORMAS ESPIRITISTAS PARA CONSEGUIR VENTAJA.
ME RESERVARÉ. ES DEMASIADO PRONTO. NO CONOZCO EL LUGAR, DÓNDE ESTÁ LA SALIDA, O CUANTOS PISTOLEROS HAY. SERÁ DIFÍCIL, PERO HE DE TENER PACIENCIA.
LA PRISIONERA, VÍBORA.
¿TIENES NOMBRE, PEQUEÑA?
DANIELLE MOONSTAR.
ERES FASCINANTE, DANIELLE. TU IGNORANCIA SOBRE LAS MOTOS PARECE TOTAL...

PERO EN LA FERIA, CONDUJISTE COMO UNA **EXPERTA**.
¡QUÉ TONTERÍA!
NO HAY DUDA. ES VERDAD.
¿CUÁL ES TU CONEXIÓN CON EL EQUIPO AMÉRICA?
NINGUNA.
ENTONCES, ¿POR QUÉ APARECISTE COMO EL MOTORISTA OSCURO?
¿QUIÉN? ¿POR ESO ME RAPTASTE...? ¡NO RECUERDO LO QUE PASÓ EN LA FERIA, FUERA LO QUE FUESE!
¡ME... ME **ENFUREZCO**!
¡PIERDO CONCENTRACIÓN!
"NO PUEDO DETENERME... ¡EXTRAIGO FORMAS DE LA MENTE DE VÍBORA!"
EL PODER DE PSIQUE CREA IMÁGENES **HOLOGRÁFICAS** TRIDIMENSIONALES DE LAS ALEGRÍAS O TERRORES PRIMARIOS DEL SUJETO.
EN EL CASO DE VÍBORA, UN RECUERDO DE LA MUJER QUE FUE. PERDIDA, VULNERABLE, INDEFENSA, VAGA POR LAS RUINAS DE EUROPA. NO ES UN RECUERDO AGRADABLE.
¡BRUJA!
PAGARÁS POR ESTO, DANIELLE, MÁS DE LO QUE CREES...
¡...CON TU VIDA!

ESCUELA...
NO PUEDO CONTACTAR CON DANI...
... NI SIQUIERA CON LA AYUDA DE CEREBRO, MI AMPLIFICADOR SÍQUICO...
ESO INDICA QUE ESTÁ MUY LEJOS...
...O PROTEGIDA DE MI SONDEO. O AMBAS COSAS.
¿PODRÍA ESTAR MUERTA?
NO, LIL. A PESAR DE TODO, HUBIERA SENTIDO EL TRAUMA.
ODIO ESTA ESPERA.
¡QUIERO HACER ALGO!
TODOS QUEREMOS, ROBERTO.
CALMA, HIJO. TENDRÁS TU OPORTUNIDAD.
AGRADEZCO LAS CINTAS QUE HA TRAÍDO, CORONEL ROSSI. SERÁN UNA AYUDA INCONMENSURABLE.
QUIZÁ OPINE LO CONTRARIO CUANDO LAS VEA.
SEGÚN LA DESCRIPCIÓN DE LOS CHICOS, COMBATIERON CONTRA KENIUCHIO HARADA, EL SAMURAI DE PLATA, LA MANO DERECHA DE VÍBORA. ANTECEDENTES DESCONOCIDOS. MAESTRO EN ARTES MARCIALES. ARMA PRINCIPAL, UNA ESPADA DE ENERGÍA.
VÍBORA. ANTIGUAMENTE, MADAME HYDRA, LA PRIMERA MUJER QUE ALCANZÓ ESA POSICIÓN. ES TAN MORTÍFERA COMO SU APODO. BRILLANTE Y DESPIADADA. CON UN INCREÍBLE INSTINTO DE SUPERVIVENCIA.
LOCALIZADA ÚLTIMAMENTE EN HARTSDALE, ILLYNOIS, HACE UNAS SEMANAS. *
FINALMENTE, EL MOTORISTA OSCURO. APARECE CUANDO EL EQUIPO AMÉRICA SE ENCUENTRA EN SERIOS PROBLEMAS. SÓLO CUANDO LE NECESITAN Y MIENTRAS LE NECESITAN. CAMPEÓN DE MOTO, EXPERTO EN ELECTRÓNICA, LADRÓN...
* VER CAP. AMÉRICA 283 USA.
TODO LO HACE ESTUPENDAMENTE BIEN.
DANI NO HACE NADA DE ESO, PERO ROBERTO LA VIÓ CON SU TRAJE.
¿POR QUÉ QUISO PASAR POR ESE TIPO, PROFESOR.

QUIZÁ NO TUVO ELECCIÓN, SAM.
¿ALGUNA IDEA, PROFESOR?
UNA CORAZONADA. LA INVESTIGARÉ.
LA CUESTIÓN NO ES QUE DANI JUGASE ESE PAPEL...
...SINO, ¿CÓMO PUDO EXHIBIR DE REPENTE...?
¿...HABILIDADES QUE NO TIENE?
QUIZÁ CEREBRO ME DÉ UNA RESPUESTA.
¡UAUH!
SÉ QUE XAVIER ES UN BUEN HOMBRE. PERO, A VECES, ME PARECE UN DEMONIO SURGIDO DE "UNA NOCHE EN EL MONTE PELADO" DE LA PELÍCULA "FANTASÍA".
¿CÓMO PUEDE MANEJAR TANTO PODER SIN CORROMPERSE?
¡MIRAD, ENCONTRÓ ALGO!
¡POR SUPUESTO! ¡ESA ES LA SOLUCIÓN!
ES TAN OBVIO, QUE DEBÍ PENSARLA INMEDIATAMENTE!
WASHINGTON, D.C.
DESPIERTE, MR. MCDONALD.
¿BUSCA ESTO? ME TOMÉ LA LIBERTAD DE COGERLO DE DEBAJO DE SU ALMOHADA. PARA EVITAR... SORPRESAS.
SOY VÍBORA Y TENGO UNA PROPOSICIÓN...
...QUE NO PUEDE RECHAZAR.

VA A REUNIR AL EQUIPO AMÉRICA, ENTRAR EN CIERTA INEXPUGNABLE FORTALEZA, SITUADA EN LA SIERRA MADRE MEJICANA Y ROBAR CIERTO OBJETO.
¿HARÉ ESO?
SI SE NIEGA, UNA JOVENCITA, UNA HUESPED MÍA...
... Y FAN SUYA, CREO, ENCONTRARÁ LA MUERTE.
¡ES UN "BLUFF", VÍBORA!
SIENTO QUE LO CREA ASÍ, MR. McDONALD.
DANIELLE TAMBIÉN LO SENTIRÁ. BUENAS NOCHES.
¡ALTO!
¿POR QUÉ EL EQUIPO AMÉRICA? ¿POR QUÉ NO TUS PROPIAS TROPAS?
¿POR QUÉ HACERLO YO, SI TÚ LO HARÁS POR MÍ?
QUIERO PRUEBAS DE QUE LA CHICA EXISTE Y ESTÁ VIVA.
NO. TE BASTA MI PALABRA.
POR LO QUE SÉ, PUEDO MENTIR, PERO NO TE ARRIESGARÁS.
ESTÁ BIEN, ACEPTO...
... PERO NO PUEDO HABLAR POR LOS DEMÁS.
TÚ, NO BASTAS. VUESTRAS HABILIDADES COMBINADAS OS DAN UNA OPORTUNIDAD DE ÉXITO. UN SUICIDIO PARA TI...
... ES LA MUERTE DE UNA CHICA.
HE LLAMADO A TUS COMPAÑEROS. TENÉIS HASTA EL AMANECER PARA DECIDIROS...
Y 24 HORAS PARA COMPLETAR LA MISIÓN. ADIÓS, "HONCHO". ESTAREMOS EN CONTACTO.

LOS DEMÁS LLEGAN EN UNA HORA... TRES HOMBRES DE NEW YORK, MÁS WRENCH, EL MECÁNICO DEL GRUPO Y GEORGIANA, SU NOVIA. MCDONALD LES COMUNICA EL ULTIMATUM. COWBOY LE EXPLICA LO OCURRIDO EN LA FERIA. DESPUÉS, LA DISCUSIÓN SE ACALORA.
LOBO, ERAS EL MÁS CERCANO AL SAMURAI CUANDO CAPTURÓ AL MOTORISTA OSCURO.
¿PUDO SER UNA CHICA?
ESTABA ATONTADO... NO LO VI.
A DECIR VERDAD, NO LA CREO.
VÍBORA TE TOMA POR IDIOTA. NO TIENE REHÉN.
¿PODEMOS CORRER EL RIESGO?
¡ES LA VIDA DE UNA CHICA INOCENTE, LOBO! ¿QUIERES MANCHAR TUS MANOS CON SU SANGRE?
NO ES TAN SIMPLE, GEORGIANNA. IMAGÍNATE QUE OBEDECEMOS A VÍBORA. ¿QUIÉN NOS GARANTIZA QUE DESPUÉS... ?
¿... SOLTARÁ A LA CHICA?
NOK! NOK! NOK!
¡TENEMOS COMPAÑÍA, CHICOS!
LOBO, LAS LUCES! ¡PODRÍA SER VÍBORA!
OKEY, REDDY... ¡ABRE!
NO NECESITA ESA ARMA, MR. MCDONALD.
ME LLAMO CHARLES XAVIER Y VENGO A AYUDARLE.

ESTOS SON MIS ESTUDIANTES. Y LOS PRESENTES, EL EQUIPO AMÉRICA, SUPONGO.
¡LOS CHICOS DE LA FERIA!
¡LO QUE FALTABA! LLÉVATELOS, HOMBRE, TENEMOS TRABAJO.
¿POR QUÉ NO ME ECHA, LOBO?
CONTRÓLATE, ROBERTO.
HAZLO, CHICO... ANTES QUE TE APLANE EL CULO.
CALMA, LOBO. NO ACTÚAS MEJOR QUE EL CHICO.
XAVIER ES CIENTÍFICO Y MAESTRO. SEGURAMENTE, EL MAYOR EXPERTO MUNDIAL EN...
...MUTANTES.
EXACTO, MR. MCDONALD. GENTE NACIDA CON PODERES EXTRAORDINARIOS. YO SOY UNO, COMO MIS ESTUDIANTES, COMO USTED.
¡EL EQUIPO AMÉRICA PROYECTA UN GESTALT.
EN MOMENTOS DE GRAN PELIGRO, CUALQUIERA DE VOSOTROS PROYECTA LAS HABILIDADES COMBINADAS DEL GRUPO, CREANDO UNA ENTIDAD CONOCIDA COMO EL MOTORISTA OSCURO.
ES UNA FORMA DE POSESIÓN, EN LA QUE LA CONSCIENCIA DEL HUESPED QUEDA SUMERGIDA POR LA DEL GRUPO. ESO LE SUCEDIÓ A DANIELLE MOONSTAR.
LO ARREGLAREMOS NOSOTROS, GRINGO. NO NECESITAMOS LA AYUDA DE SU PARVULARIO.
¡NUESTRA AMIGA PUEDE MORIR POR TU CULPA!
¿ES QUE NO TE IMPORTA, CERDO?
SON RESPONSABLES DE LO SUCEDIDO A DANI, CABALLEROS. TIENEN PODERES QUE NI ENTIENDEN, NI CONTROLAN. SON UNA AMENAZA PARA LOS QUE LES RODEAN.
DEBEN APRENDER A COOPERAR... Y DEPRISA. MI TRABAJO SERÁ ENSEÑARLES.
PARECE QUE NO NOS DA ELECCIÓN.
EXACTO, MR. MCDONALD.

NO ESTÁ SIENDO JUSTO, MÍSTER.
TAMPOCO LO FUE LO QUE LE HICIERON A DANI, MRS. HEBB. INTENTO QUE NO LE SUCEDA A NADIE MÁS.
PODERES COMO LOS SUYOS CONLLEVAN LA RESPONSABILIDAD DE USARLOS ADECUADAMENTE.
O SERÍAN PEOR QUE VÍBORA.
LO QUE ELLA HACE, ES POR ELECCIÓN. NOSOTROS, PORQUE NO NOS ATREVEMOS A COLABORAR
¿ES ESO LO QUE QUIEREN?
NO ESTAMOS EN PAZ, ENANO. TE DEBO UN GOLPE.
DÓNDE Y CUÁNDO QUIERAS, YANQUI.
HONCHO, SI HABLAMOS DE NEGOCIOS, ¿PARA QUÉ NECESITAMOS A LOS NIÑOS? ¿POR QUÉ NO SE LARGAN HASTA QUE ACABEMOS?
CONSIDERANDO LA EVIDENTE FRICCIÓN ENTRE ROBERTO Y USTED, LOBO...
...ES UNA BUENA IDEA...
¡NO PUEDO CREERLO! DANI ES NUESTRA AMIGA, PERO XAVIER PARECE PREOCUPARSE MÁS DE ESOS PAYASOS DEL EQUIPO AMÉRICA.
NO PUEDE ESTAR EN DOS SITIOS A LA VEZ. ¿CÓMO PUEDE AYUDARLES A ELLOS Y RESCATAR A DANI?
LOBO ERA MI FAVORITO, MI HÉROE. QUERÍA SER COMO ÉL CUANDO CRECIERA.
FUI UN IDIOTA.
SI EL EQUIPO AMÉRICA TIENE ÉXITO, NOS DARÁ TIEMPO PARA LLAMAR A LA PATRULLA-X, SHAN. SI VÍBORA NOS TRAICIONA, ELLOS ENTRARÁN EN ACCIÓN.
EL EQUIPO AMÉRICA ES AHORA IMPORTANTE. DEBO DARLES PRIORIDAD, ANTES DE QUE EL USO DE SU PODER DAÑE A MÁS INOCENTES.

¿CONSEGUIRÁN **LOS NUEVOS MUTANTES** RESCATAR A **DANI** Y SALIR ILESOS DE TAN **PELIGROSA** MISIÓN? ¡NO TE LO PIERDAS... **EL PRÓXIMO MES!**

¡EXISTEN MUNDOS MÁS ALLÁ DEL NUESTRO, DE NUESTRAS POBRES PERCEPCIONES DEL TIEMPO Y DEL ESPACIO.
UNO DE TALES REINOS, ES LA DIMENSIÓN DE LOS SUEÑOS... ¡UN PLANO MÍSTICO REGIDO POR UN TIRANO PODEROSO Y CRUEL!
¡PESADILLA!
SÍ, DR. EXTRAÑO... ¡TU JURADO ENEMIGO! ¡TE EQUIVOCASTE AL ADENTRARTE EN MI DOMINIO!
¡AUNQUE SEAS EL SEÑOR DE LAS ARTES MÍSTICAS, ERES UN MORTAL!
¡Y ESTOS, PUEDEN MORIR!
1

VACILAS, DOCTOR... ¡Y TIENES RAZONES!
¡MUCHAS VECES NOS ENFRENTAMOS Y DESTRUÍSTE MIS PLANES DE DOMINAR TU DÉBIL MUNDO!
SIEMPRE ESCAPASTE CON VIDA. QUIZÁ SIENTES QUE ESTA VEZ, SERÁ DISTINTO, ¿EH?
¡QUIZÁ PORQUE HAS COMETIDO UN ERROR FATAL, ENTRANDO EN MI REINO PROHIBIDO!
¡CLAMABAS QUE TU PODER SE BASABA EN LA VERDAD Y LA JUSTICIA! ¡SE ACABÓ!
¡NO HAY JUSTICIA EN EL ALMA DE UN INVASOR!
¡SU ACUSACIÓN ES SIMPLISTA, PERO VÁLIDA!
¡ENTRAR EN LA DIMENSIÓN DE PESADILLA ME DA DESVENTAJA MÁGICA!
¡YA HA CREADO UN LABERINTO DE CONFINAMIENTO!
¡NO DEBO RENDIRME! ¡TENGO UNA MISIÓN QUE NO DEBO RETRASAR!
¡ESCUCHA! ¡AUNQUE SOMOS ENEMIGOS, NO INTENTABA ATACARTE!
PERO, SÉ QUE NO PUEDES CREERME... ¡UNA LÁSTIMA!
EN OTRO MOMENTO, PEDIRÍA UNA TREGUA. YA SÓLO ME QUEDA UN RECURSO.
A UNA ORDEN MENTAL, EL AMULETO ENCANTADO DE SU GARGANTA BRILLA CON LA LUZ DE AGAMOTTO, CEGANDO A SU ADVERSARIO...

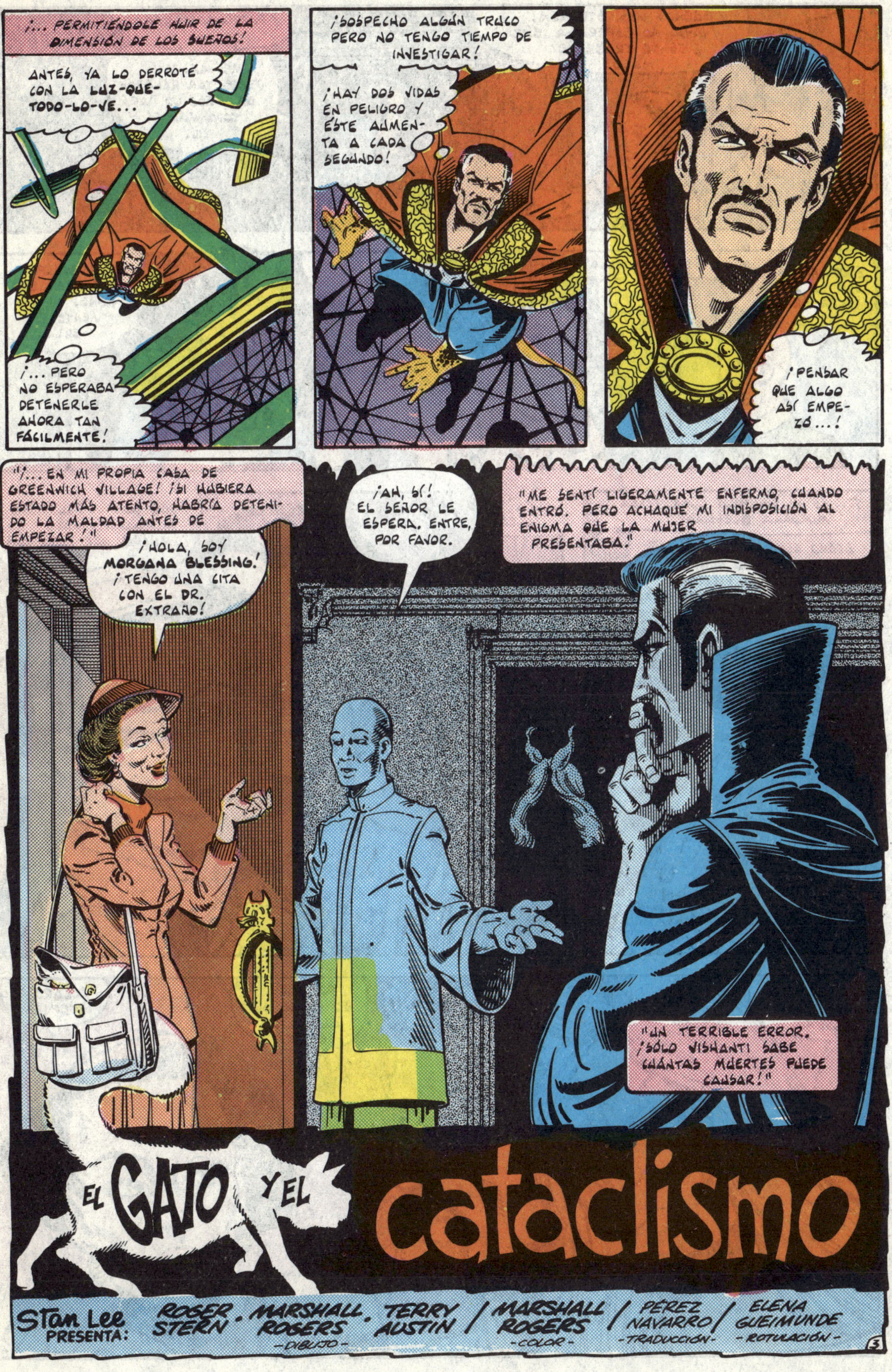

¡... PERMITIÉNDOLE HUIR DE LA DIMENSIÓN DE LOS SUEÑOS!
ANTES, YA LO DERROTÉ CON LA LUZ-QUE-TODO-LO-VE...
¡... PERO NO ESPERABA DETENERLE AHORA TAN FÁCILMENTE!
¡SOSPECHO ALGÚN TRUCO PERO NO TENGO TIEMPO DE INVESTIGAR!
¡HAY DOS VIDAS EN PELIGRO Y ÉSTE AUMENTA A CADA SEGUNDO!
¡PENSAR QUE ALGO ASÍ EMPEZÓ ...!
"¡... EN MI PROPIA CASA DE GREENWICH VILLAGE! ¡SI HUBIERA ESTADO MÁS ATENTO, HABRÍA DETENIDO LA MALDAD ANTES DE EMPEZAR!"
¡HOLA, SOY MORGANA BLESSING! ¡TENGO UNA CITA CON EL DR. EXTRAÑO!
¡AH, SÍ! EL SEÑOR LE ESPERA. ENTRE, POR FAVOR.
"ME SENTÍ LIGERAMENTE ENFERMO, CUANDO ENTRÓ. PERO ACHAQUÉ MI INDISPOSICIÓN AL ENIGMA QUE LA MUJER PRESENTABA."
"UN TERRIBLE ERROR. ¡SÓLO VISHANTI SABE CUÁNTAS MUERTES PUEDE CAUSAR!"
EL GATO Y EL cataclismo
Stan Lee PRESENTA: ROGER STERN · MARSHALL ROGERS · TERRY AUSTIN -DIBUJO- / MARSHALL ROGERS -COLOR- / PEREZ NAVARRO -TRADUCCIÓN- / ELENA GUEIMUNDE -ROTULACIÓN-
3

¡BUENOS DÍAS, STEPHEN! ¡VAYA, NO ESPERABA ÉSTO! ¿ES TU TRAJE DE MAGO?
¡PODRÍAMOS LLAMARLO ASÍ!
¡ME ALEGRA VERTE TAN RELAJADA! ¡ESO LO HARÁ TODO MÁS FÁCIL!
¿TOMARÁN EL TÉ CON LA SEÑORITA CLEA, SEÑOR?
¿SEÑORITA CLEA?
EHH... ¡NO, GRACIAS!
NI YO, WONG.
PIDO DISCULPAS, MORGANA. ES WONG, MI SIRVIENTE Y ELLA...
¡... ES MI DISCÍPULA CLEA! ¡CLEA, MORGANA BLESSING!
¿CÓMO ESTÁ, MR. BLESSING? STEPHEN ME DIJO QUE ERA ESCRITORA. ¿DE FICCIÓN?
SÍ, MISS... ¡LO SIENTO, PERO NO OÍ SU NOMBRE!
CLEA. SÓLO CLEA.
¡QUÉ BONITO! ¡LLÁMEME MORGANA! ¿HACE MUCHO QUE ESTÁ CON STEPHEN?
UNOS CUANTOS AÑOS... MS. BLESSING.
¿POR QUÉ NO VAMOS AL CUARTO DE ESTAR?
¡CLARO, STEPHEN!
4

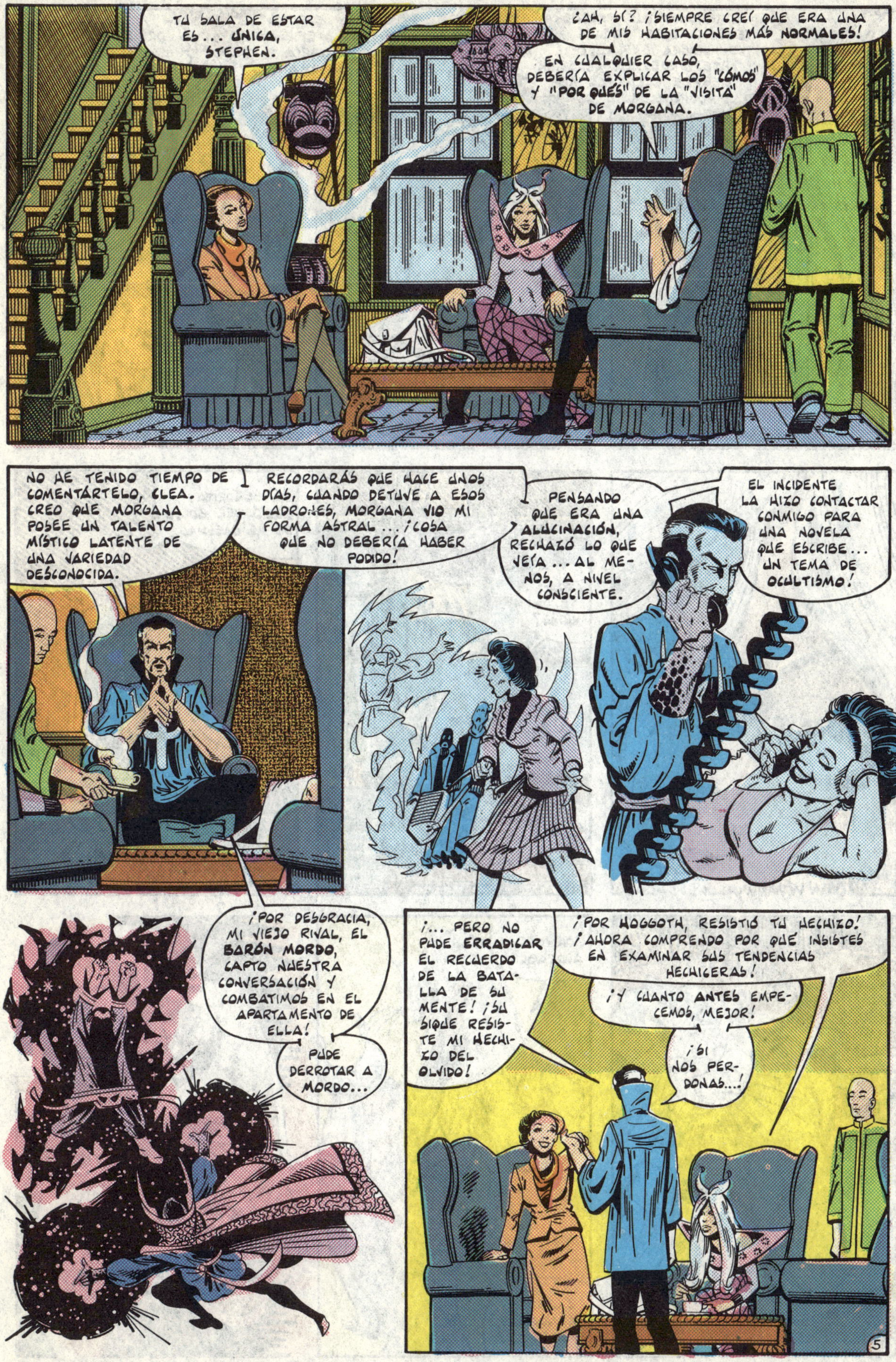
TU SALA DE ESTAR ES... ÚNICA, STEPHEN.
¿AH, SÍ? ¡SIEMPRE CREÍ QUE ERA UNA DE MIS HABITACIONES MÁS NORMALES!
EN CUALQUIER CASO, DEBERÍA EXPLICAR LOS "CÓMOS" Y "POR QUÉS" DE LA "VISITA" DE MORGANA.
NO HE TENIDO TIEMPO DE COMENTÁRTELO, CLEA. CREO QUE MORGANA POSEE UN TALENTO MÍSTICO LATENTE DE UNA VARIEDAD DESCONOCIDA.
RECORDARÁS QUE HACE UNOS DÍAS, CUANDO DETUVE A ESOS LADRONES, MORGANA VIO MI FORMA ASTRAL... ¡COSA QUE NO DEBERÍA HABER PODIDO!
PENSANDO QUE ERA UNA ALUCINACIÓN, RECHAZÓ LO QUE VEÍA... AL MENOS, A NIVEL CONSCIENTE.
EL INCIDENTE LA HIZO CONTACTAR CONMIGO PARA UNA NOVELA QUE ESCRIBE... UN TEMA DE OCULTISMO!
¡POR DESGRACIA, MI VIEJO RIVAL, EL BARÓN MORDO, CAPTÓ NUESTRA CONVERSACIÓN Y COMBATIMOS EN EL APARTAMENTO DE ELLA!
PUDE DERROTAR A MORDO...
¡... PERO NO PUDE ERRADICAR EL RECUERDO DE LA BATALLA DE SU MENTE! ¡SU SIQUE RESISTE MI HECHIZO DEL OLVIDO!
¡POR HOGGOTH, RESISTIÓ TU HECHIZO! ¡AHORA COMPRENDO POR QUÉ INSISTES EN EXAMINAR SUS TENDENCIAS HECHICERAS!
¡Y CUANTO ANTES EMPECEMOS, MEJOR!
¡SI NOS PERDONAS...!
5

¡COMPRENDO QUE PARECIERA TENSO ANOCHE! ¡OJALÁ ME LO HUBIERA EXPLICADO ANTES! NUESTRA RELACIÓN SIEMPRE LLEGA AL MISMO PROBLEMA...
HAY SECRETOS QUE STEPHEN EXPLICARÍA A SU AMANTE...
¡... PERO EL DR. EXTRAÑO NO, HASTA QUE SU DISCIPLINA ESTÉ LISTA!
BUENO, NADIE DIJO QUE SERÍA FÁCIL. PERO...
MMMWWWWWWLLLLLLLLL
¿OÍSTE ESO WONG?
SÍ, SEÑORITA. SALIÓ DEL BOLSO DE MS. BLESSING.
MMMMWWWW
MMMWWWWWLLLL
¡OH, QUÉ ADORABLE!
¿CÓMO TE LLAMAS, PEQUE...?
¿...NO?
¡SEÑORITA CLEA!
6

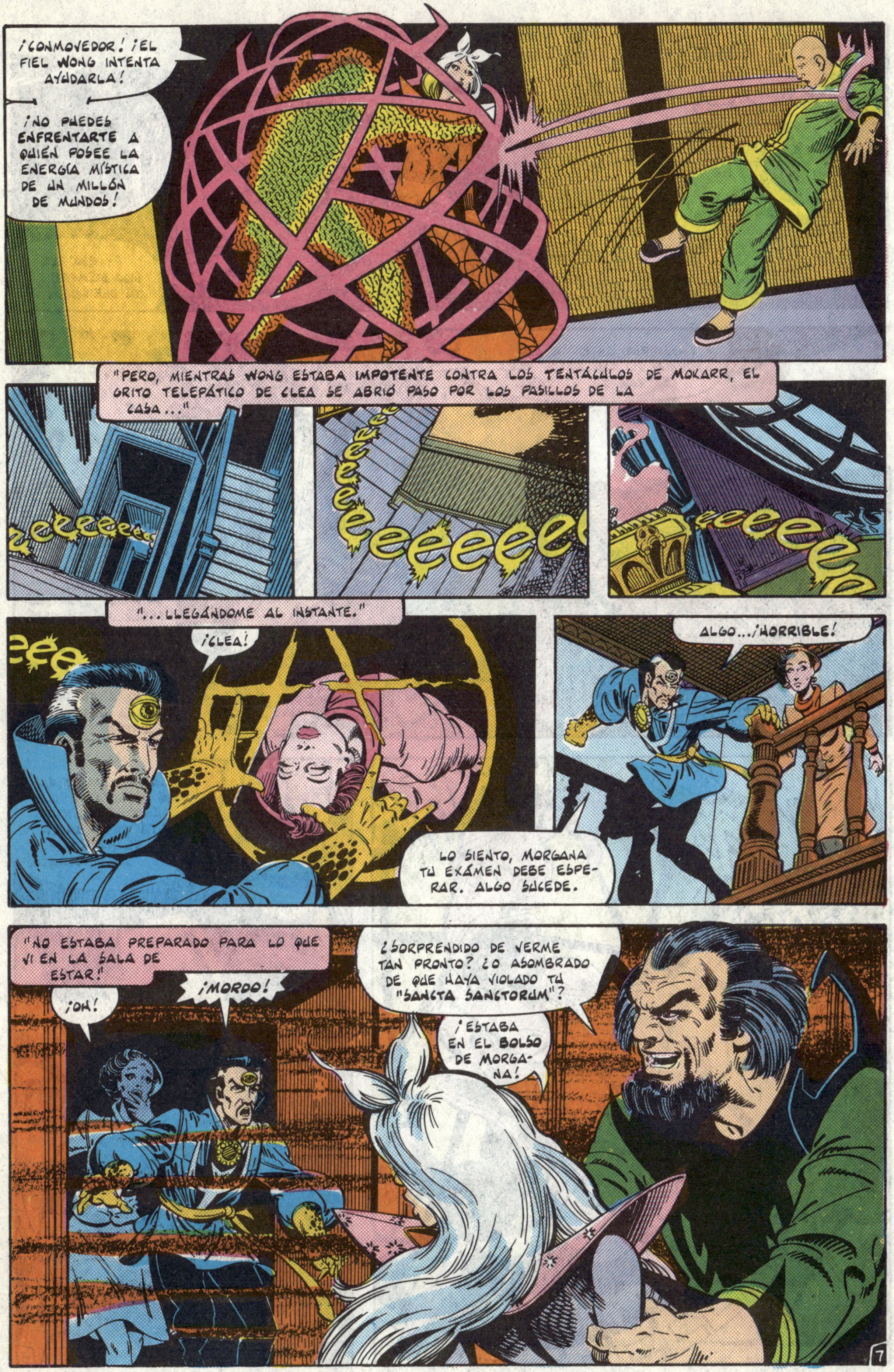
¡CONMOVEDOR! ¡EL FIEL WONG INTENTA AYUDARLA!
¡NO PUEDES ENFRENTARTE A QUIEN POSEE LA ENERGÍA MÍSTICA DE UN MILLÓN DE MUNDOS!
"PERO, MIENTRAS WONG ESTABA IMPOTENTE CONTRA LOS TENTÁCULOS DE MOKARR, EL GRITO TELEPÁTICO DE CLEA SE ABRIÓ PASO POR LOS PASILLOS DE LA CASA..."
"...LLEGÁNDOME AL INSTANTE."
¡CLEA!
ALGO... ¡HORRIBLE!
LO SIENTO, MORGANA TU EXÁMEN DEBE ESPERAR. ALGO SUCEDE.
"NO ESTABA PREPARADO PARA LO QUE VI EN LA SALA DE ESTAR."
¡OH!
¡MORDO!
¿SORPRENDIDO DE VERME TAN PRONTO? ¿O ASOMBRADO DE QUE HAYA VIOLADO TU "SANCTA SANCTORUM"?
¡ESTABA EN EL BOLSO DE MORGANA!
7

¡TU PODER HA CRECIDO, MORDO!
¡PERO HA DE COMPENSARSE CON LA SABIDURÍA, O ES INDIGNO!
¡Y ESA HA SIDO SIEMPRE TU DEBILIDAD!
¿ASUMIRÍA UN IDIOTA LA FORMA DE ESE GATO, PARA ENTRAR EN TU CASA?
¿FALTA DE SABIDURÍA? ENTONCES, ¿POR QUÉ CREES QUE TE DEJÉ DERROTARME LA ÚLTIMA VEZ?
¿DOMINARÍA UN ESTÚPIDO A TU DISCÍPULA PARA USARLA CONTRA TI?
YO DIGO... ¡NO!
ZZZZZZZZZZZZZZZZKKKKK
¡CUANDO COMBATIMOS, ME INSULTASTE LLAMÁNDOME NOVICIO! ¡TÚ ERES AHORA EL NOVICIO Y EL DESCUIDADO!
8

"DE NUEVO, MORDO ERA PRESA DE SU ORGULLO Y AUTOSUFICIENCIA."
¡DEMONIOS DE DORMAMMU! ¡HA CAPTURADO LAS FUERZAS DE ELDRITCH QUE LE LANCÉ Y HA FORMADO UNA ESFERA DE CONJUROS!
¡ES UNA DE LAS FORMAS MÍSTICAS MÁS PELIGROSAS! ¡ABSORBE TODA LA FUERZA MÁGICA DE LA ZONA! SÓLO EL BRUJO MÁS HÁBIL...
... PODRÍA FORMARLA...
¡POR SATANNISH! ¡SIENTO QUE ME ARRANCA MI NUEVO PODER! ¡DEBO HUIR MIENTRAS PUEDO!
¡Y SÉ CÓMO GANAR TIEMPO! ¡SÓLO NECESITO UN "MEDIUM" ADECUADO!
¡TÚ!
¿Y... YO?
¡SÍ, TÚ! ¡CLEA NACIÓ EN OTRA DIMENSIÓN Y NO ME SIRVE! ¡NECESITO ALGUIEN DE ESTA TIERRA!
¡VAMOS, O TE ROMPERÉ EL CUELLO COMO EL DE TU GATO!
¿QUÉ? ¿LO... LO MATASTE?
¡MALDITA BESTIA! ¡TE...!
¡NO HARÁ NADA, MS. BLESSING! ¡SÓLO ME ACOMPAÑARÁ EN UN PEQUEÑO VIAJE! ... ¡CALMA, TENEMOS MÁS QUE TODA UNA VIDA!
¡JA, JA, JA!
9

"SIN MORDO, MI ESFERA SE DISPERSÓ Y ME ENCONTRÉ EN UNA SALA VACÍA, EXCEPTO WONG."
SE FUERON, SEÑOR. NO... NO PUDE HACER NADA.
"WONG ME CONTÓ LO MEJOR QUE PUDO LO SUCEDIDO DURANTE MI BREVE CONFINAMIENTO EN LA ESFERA."
...Y EMPECÉ LA BÚSQUEDA EN LOS PLANOS DIMENSIONALES CERCANOS A LA TIERRA DEJANDO QUE WONG ORDENASE LA CASA.
DEBE HABER UNA PISTA EN EL RAPTO DE MORGANA. TENGO QUE ENCONTRARLA.
AL CAPTURAR A CLEA, QUISO ROMPER NUESTRO LAZO MÍSTICO...
...EL QUE HA CREADO NUESTRA RELACIÓN. DUDO QUE ÉL LO SEPA, PERO CLEA ES MUY DISTINTA DE UNA AMANTE NORMAL.
SU PODER EXTRATERRESTRE HA COMPLEMENTADO EL MÍO. ELLA ES EL YIN DE MI YANG.
¡MORDO LO SABE! ¡SEPARÁNDONOS, QUIERE DEBILITARME!
PERO, ¿POR QUÉ MORGANA? ¿CÓMO INTENTA UTILIZARLA? ¿QUÉ SIGNIFICA TODO ESTO?
MIENTRAS LAS PREGUNTAS TORTURAN SU MENTE, EL DR. EXTRAÑO CRUZA DIMENSIONES Y ENFRENTA AMENAZAS, BUSCANDO EL RASTRO DE MORDO...
...HASTA QUE POR FIN...
LO ENCONTRÉ, PERO... ¿SOLO? ¿QUÉ HABRÁ HECHO CON CLEA Y MORGANA?
10